Inhalt

Word-of-Mouth-Marketing - Internet-Revolution sorgt für Paradigmenwechsel in der Produktwerbung

Kernthesen

Beitrag

Fallbeispiele

Weiterführende Literatur

Impressum

Word-of-Mouth-Marketing - Internet-Revolution sorgt für Paradigmenwechsel in der Produktwerbung

Harald Reil

Kernthesen

- Noch vor zehn Jahren kontrollierten Unternehmen über die Massenmedien 95 Prozent der Werbeinhalte.
- Die Internet-Revolution hat für einen Paradigmenwechsel gesorgt: Die Verbraucher emanzipieren sich zusehends von unternehmensgesteuerter Werbung.
- Sie kreieren eigene Werbebotschaften und tragen sie via onlinebasierter

- Mundpropaganda in die Welt, wo sie sich wie ein Lauffeuer verbreiten können.
- Unternehmen stehen vor der Herausforderung, dieses Empfehlungsmarketing zu kanalisieren und für eigene Zwecke nutzbar zu machen, ohne dabei ethische und legale Grenzen zu überschreiten.

Beitrag

Aus der Not geboren

Gerüchte verbreiten sich wie Lauffeuer - das gilt im Schlechten wie im Guten. Die Werbebranche hat diesen Grundsatz für sich wiederentdeckt und setzt vermehrt auf das Word-of-Mouth-Prinzip, auf Deutsch auch Empfehlungsmarketing genannt. Der Gedanke, der dahinter steckt, ist einfach: Wer sich selbst in den Himmel lobt, macht sich verdächtig. Wer dagegen von anderen empfohlen wird, sammelt Bonuspunkte des Vertrauens. Der Schwenk hin zum Word-of-Mouth-Marketing (WoM) hat aber noch eine weitere Ursache als den Kampf von Unternehmen nach mehr Glaubwürdigkeit. Er ist sozusagen aus der Not geboren. Die Revolution in der Informations- und Kommunikationstechnologie hat die Konsumenten emanzipiert. Noch vor zehn Jahren kontrollierten die Massenmedien 95 Prozent der Inhalte, mit denen Unternehmen ihre potenziellen Kunden überschwemmten. Das Internet hat die Kräfteverhältnisse entscheidend verändert und einen Paradigmenwechsel eingeläutet: Nun scheint es, dass die Verbraucher am längeren Hebel sitzen. Mithilfe von Social Media oder Blogs machen sie Marken zu Erfolgsgeschichten oder fügen ihnen Schaden zu. In diesem Spannungsfeld müssen Unternehmen neuerdings agieren. Das stellt sie vor völlig neue Herausforderungen. Die wichtigste ist: Wie können sie die scheinbar unkontrollierbare Masse von Meinungsbildnern auf Linie bringen, ohne sich dem Verdacht der Manipulation auszusetzen? (1)

Einfache "Likes" ziehen nicht

Doch zunächst einmal: Ist Word-of-Mouth-Marketing wirklich so einflussreich, wie manche Unternehmen fürchten und viele Verbraucher hoffen? Eine Studie, die von Europas führender WoM-Plattform "Buzzer" unterstützt wurde, zeichnet ein differenzierteres Bild. Zwar gaben die 1013 Befragten an, dass sie soziale Netzwerke oder Seiten, die sich auf Preisvergleiche spezialisiert hätten, zu den vertrauenswürdigsten Informationsquellen überhaupt zählten. Jedoch sagten 42 Prozent der Interviewten auch, dass sie "Like-Empfehlungen" ihrer Freunde, die mit einem einfachen Klick auf einen entsprechenden "Button" generiert werden, nicht einmal wahrnähmen. Im Gegensatz dazu werden Berichte über Produkte, die eine genaue Sachkenntnis erkennen lassen, gelesen und auch ernst genommen. "Buzzer" schließt daraus, dass "Like- oder Nicht-Like-Funktionen" zwar nicht sinnlos seien - sie dienten dazu, die Reichweite und die Aufmerksamkeit für ein Produkt zu erhöhen - die Zukunft gehöre aber wohl längeren Meinungsformaten oder kurzen Video-Botschaften. (2)

Wenig Vertrauen in Prominenten-Testimonials

Hand in Hand mit dieser Entwicklung geht der Vertrauensverlust in andere Werbeformate. Studien wie die Untersuchung der Toluna-Gruppe, einer der weltweit größten Anbieter von Online-Umfragen, haben gezeigt, dass zum Beispiel Prominenten-Testimonials besonders schlecht abschneiden: So wollen 37 Prozent der Befragten bekannte Persönlichkeiten "auf keinen Fall" mehr in der Werbung sehen, 42 Prozent "eher nicht". Unterstützt werden diese Ergebnisse vom Imas-Kommunikationsbarometer: Lediglich elf Prozent der

Verbraucher gaben an, dass sie mehr Vertrauen in eine Marke hätten, wenn sie von Prominenten vertreten würde. Kaum erwähnenswerte sieben Prozent glaubten, dass diese sie auch privat nutzten. Bemerkenswert in diesem Zusammenhang ist eine weitere Studie, die das US-Unternehmen Ace Metrix im letzten Jahr unter dem Namen "Celebrity Advertisements: Exposing a Myth of Advertising Effectiveness" veröffentlicht hat. Sie belegt, dass die meisten der über 2 600 untersuchten Spots, die auf bekannte Persönlichkeiten als Werbeträger setzen, unwirksam sind. Ace Metrix folgert daraus, dass sich der heutige Konsument viel stärker auf die Meinungen von Menschen aus seinem sozialen Umfeld verlässt als auf Testimonials von Stars, die ihm nicht nahestehen. (3)

Traditionelle Werbeformen verlieren an Einfluss

Angesichts des bereits angesprochenen Paradigmenwechsels sind auch folgende Ergebnisse leicht nachzuvollziehen. Laut einer Studie, die das Marktforschungsinstitut Nielsen im letzten Jahr veröffentlicht hat, ist für 90 Prozent der Verbraucher die Meinung der Freunde bei einer Kaufentscheidung am wichtigsten. 70 Prozent vertrauen auf die Erfahrung von Konsumenten in entsprechenden

Internetportalen. Fernseh-, Radio- oder Zeitschriftenwerbung, vor wenigen Jahren noch die einzigen Informationsquellen, verlieren an Einfluss und kommen auf Werte jeweils knapp um die 50 Prozent. Ganz besonders schlecht stehen Werbe-SMS da: Nur 24 Prozent der Teilnehmer an der Nielsen-Studie gaben an, dass sie ihren Botschaften vertrauten. Es scheint auf der Hand zu liegen: An Word-of-Mouth-Marketing kommt über kurz oder lang kein Unternehmen mehr vorbei. (4)

Trends

Schleichender Vertrauensverlust

Wenn Empfehlungsmarketing in Zukunft immer wichtiger werden wird, steht auch zu befürchten, dass sich der Missbrauch erhöht. Konkret heißt das Folgendes: Es wird Firmen geben, die zum Beispiel ihre eigenen Produkte auf Social-Media-Formen positiv bewerten, um deren Attraktivität zu erhöhen. Die ethischen und rechtlichen Fragen, die sich daraus ergeben, werden Antworten verlangen, die die Konsumenten auch wirklich zufriedenstellen. Ansonsten steht zu befürchten, dass Kunden ihr Vertrauen in internetbasiertes Word-of-Mouth-Marketing langsam, aber sicher verlieren. (5)

Neue Herausforderung für Kreative

Die Frage wird künftig lauten: Gelingt es Unternehmen, mit dem Paradigmenwechsel in der Werbung zurechtzukommen und Word-of-Mouth-Marketing für ihre Zwecke zu nutzen? Das stellt neue Anforderungen an die Kreativität der Werbetreibenden. Sie müssen die scheinbar unkontrollierbare Meinung der Verbraucher in die richtige Bahnen lenken und für ihre Zwecke dienstbar machen, ohne ethische und rechtliche Grenzen zu überschreiten. Noch fehlt es aber in den meisten Unternehmen an Erfahrungen mit WoM. Es wird aber angesichts der Bedeutung des Themas nicht mehr lange dauern, bis der angemessene Umgang mit internetbasiertem Empfehlungsmarketing den Kinderschuhen entwächst. (8)

Fallbeispiele

Google zeigt, wies geht

Google hat mit seinem Google+-Dienst gezeigt, wie erfolgreiches Word-of-Mouth-Marketing funktioniert.

Innerhalb von nur zwei Wochen hat die Social-Networking-Plattform, die Facebook Konkurrenz machen will, zehn Millionen neue Nutzer registriert. Für diesen Erfolg waren mehrere Faktoren ausschlaggebend: der Bekanntheitsgrad der Dachmarke; die geschickte Arbeit der Google-PR, die die Teilnahme an der Beta-Phase auf einen ausgewählten Kreis beschränkt hat und schließlich natürlich vor allem das überzeugende Angebot selbst, das von begeisterten Usern gerne gelobt und weiterempfohlen wird. (3)

"The Day Pilsen Struck Gold"

Pilsner Urquell will mit einer Internetkampagne die Attraktivität seiner Biere erhöhen und setzt dabei vor allem auf Word-of-Mouth-Marketing. Das Unternehmen stellte seine Pläne daher auch folgerichtig auf der Beer Bloogers Conference vor, die vom 20. - 22. Mai in London stattfand. Mit dem Trickfilm "The Day Pilsen Struck Gold" eröffnete der tschechische Bierbrauer seine Kampagne auf den Internetplattformen Facebook, Twitter and YouTube. Die Aktion scheint nicht unerfolgreich zu sein. Zumindest schnellten die Besucherzahlen bei YouTube während eines Wochenendes von null auf 2 000, nachdem die Blogger ihre Leser auf das Video aufmerksam gemacht hatten. Dass Pilsner Urquell in der Alkoholbranche kein Einzelfall ist, zeigen die Beispiele Baileys und Smirnoff, die sich ebenfalls schon mit Word-of-Mouth-Marketing auseinandergesetzt haben. (6)

Bauer Media Group sucht Produkttester

Auch die Bauer Media Group ist auf den WoM-Zug aufgesprungen. Unter www.ausgezeichnet.de und dem Motto "Mitmachen in Deutschlands großer Leserjury" lädt sie Internet-User ein, Produkttester zu werden. Unternehmen, deren Waren zumindest mit der Durchschnittsnote "gut" abschneiden, dürfen dafür mit dem Gütesiegel "Ausgezeichnet" werben. Angekündigt hat die Bauer Media Group die Initiative in seinen 24 umsatzstärksten Zeitungen. Mithilfe von Anzeigen, Mailings, Rechnungsbeilagen und Online-Bannern will Bauer weitere Teilnehmer für seine Testaktion rekrutieren. Das Medienunternehmen bezahlt die Marktforschung, den Aufbau der Online-Plattform und das Gütesiegel. Unternehmen, deren Produkte erfolgreich sind und diese mithilfe von Bauers Auszeichnung auch vermarkten wollen, verpflichten sich im Gegenzug dazu wenigstens 100 000 Euro in Bauer-Medien zu investieren. (7)

Weiterführende Literatur

(1) 9 Steps To Drive Word Of Mouth
aus Credit Union Journal, 11.04.2011, Vol. 15, No. 14, p. 26

(2) Word of Mouth: Zwei Fünftel ignorieren Like-Empfehlungen
aus W&V Online-Magazin vom 22.03.2011

(3) Freunde sind die Stars
aus HORIZONT 36 vom 08.09.2011 Seite 022

(4) Empfehlungsmarketing: Eine Frage des Vertrauens
Marketing: Klassische Werbung verliert an Vertrauen - Empfehlungsportale liegen im Trend
aus WirtschaftsBlatt, 12.04.2010, Nr. 3587, S. 23

(5) The implications of company-sponsored messages disguised as word-of-mouth.
aus Journal of Services Marketing, United Kingdom (JOURSERM), 25 (2011) 4

(6) Pilsner Urquell spreads campaign via word of mouth
aus Journal of Services Marketing, United Kingdom (JOURSERM), 25 (2011) 4

(7) EMPFEHLUNGSMARKETING MADE BY BAUER: Verlag vergibt Gütesiegel "Ausgezeichnet!"
aus kress.de vom 07.07.2011

(8) Empfehlungsmarketing, ein unbekanntes Land?
aus "medianet" Nr. 1468/11 vom 19.04.2011 Seite: 10

Impressum

Word-of-Mouth-Marketing - Internet-Revolution sorgt für Paradigmenwechsel in der Produktwerbung

Bibliografische Information der deutschen Nationalbibliothek

Die Deutsche Nationalbibliothek verzeichnet diese Publikation in der deutschen Nationalbibliografie; detaillierte bibliografische Daten sind im Internet über http://dnb.d-nb.de abrufbar.

ISBN: 978-3-7379-0792-7

© 2015 GBI-Genios Deutsche Wirtschaftsdatenbank GmbH, Freischützstraße 96, 81927 München, www.genios.de

Alle Rechte vorbehalten. Dieses Werk ist einschließlich aller seiner Teile – z.B. Texte, Tabellen und Grafiken - urheberrechtlich geschützt. Jede Verwertung außerhalb der Grenzen des Urheberrechtsgesetzes bedarf der vorherigen Zustimmung des Verlags. Dies gilt insbesondere auch für auszugsweise Nachdrucke, fotomechanische Vervielfältigungen (Fotokopie/Mikroskopie), Übersetzungen, Auswertungen durch Datenbanken oder ähnliche Einrichtungen und die Einspeicherung und Verarbeitung in elektronischen Systemen.